AF590128

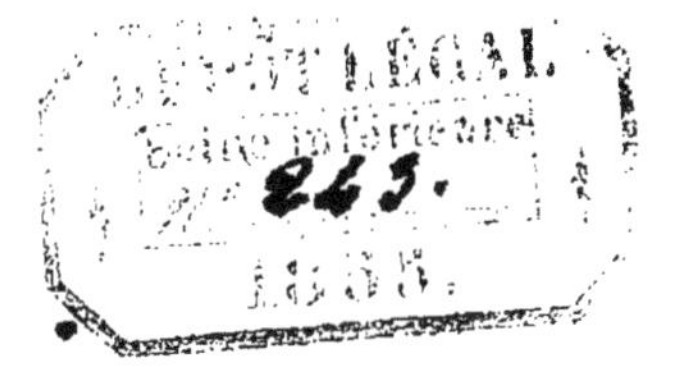

ÉLOGE

DU

Dr HENRI PILLORE.

Discours prononcé le 15 Novembre 1855, à la Séance solennelle
de rentrée des Cours d'enseignement
supérieur, à Rouen,

Par le Dr MELAYS,

Professeur de Physiologie à l'Ecole préparatoire de médecine et de pharmacie.

MESSIEURS,

Avant de décerner à ceux d'entre vous sortis vainqueurs du concours les prix dus à leurs travaux; avant de distribuer les récompenses que la Commission administrative des hospices, dans sa bienveillante sollicitude, accorde aux élèves qui se sont distingués par leur assiduité, par leur empressement et leur zèle près des malades, l'usage veut qu'un de vos maîtres vienne vous adresser quelques conseils ou vous exposer quelques réflexions sur l'une des branches de la science que vous êtes appelés à étudier. Chargé, pour la première fois, de cette douce mais périlleuse mission, ce n'est pas sans un certain effroi que, me reportant aux années précédentes, je me suis rappelé les paroles éloquentes de mes devanciers. Pour parvenir à calmer dans mon esprit de légitimes inquiétudes, j'ai voulu abriter l'inexpérience de l'écrivain derrière un nom aimé de tous ; j'ai pensé que vous parler d'un homme qui fut à la fois un médecin éminent et un cœur d'élite, dont la physionomie a laissé parmi nous sa vive empreinte, et dont le souvenir restera l'une des plus pures renommées de cette École, c'était vous offrir un précieux modèle à imiter. L'exemple n'est-il pas, en effet, la plus saisissante de toutes les leçons?...

C'est d'un maître, c'est d'un ami, c'est du docteur Pillore que j'aurai le douloureux bonheur de vous entretenir; et si, dès ce moment, je laisse éclater ma tendre vénération pour sa mémoire, c'est que, j'en suis certain, mes paroles trouveront de l'écho dans vos cœurs, et ne seront que l'expression de vos propres sentiments.

Jean-Marie-Henri Pillore est né à Rouen le 14 septembre 1807. Son père et son aïeul avaient tous deux exercé la médecine avec distinction dans cette ville; aussi fut-il tout naturellement destiné à cette noble profession. Dès son enfance, le jeune Pillore donna les signes d'un esprit heureux et fécond; il suivit avec succès les classes du collége de sa ville natale, et, après de bonnes et solides études, il obtint le grade de bachelier ès-lettres le 1er août 1825.

L'année suivante, il vint à Paris prendre sa première inscription. Logé bien haut, dans deux petites chambres du quartier latin, il y vécut pendant huit ans de cette existence de l'étudiant toute remplie de contrastes, vie de juvéniles distractions et de sérieuses études, de privations réelles et de rêves brillants. Il y a quelques années, Pillore, arrivé au but de ses désirs, voulut, comme le vieillard de Béranger, revoir le modeste asile de sa jeunesse, et lui redemander ces heureux souvenirs que ne font oublier ni la fortune ni l'ambition satisfaite.

Dès son arrivée à Paris, il se livra à l'étude avec cette ardeur et cette persévérance qu'il apporta toujours dans tout ce qu'il entreprit. C'était là, vous vous le rappelez sans doute, un des caractères les plus saillants de son esprit; c'est dire assez qu'il ne resta pas longtemps confondu dans la foule.

Le baccalauréat ès-sciences n'était pas alors exigé des candidats au doctorat; mais, comprenant toute l'importance pour le médecin des connaissances réclamées pour ce grade, il voulut l'obtenir et en subit l'épreuve avec succès le 23 juillet 1828.

L'année suivante, nommé externe à la suite d'un brillant concours, il étudia quelque temps en cette qualité sous Dupuytren. Peu de temps après, il entrait à l'Ecole pratique, où il eut pour maître M. Paul Guersant, et pour condisciple M. le docteur Vautier, de Paris, son ami d'enfance, auquel je dois de précieux renseignements sur les premières années de sa vie. En 1830, il fut nommé interne provisoire, et, l'année suivante, interne définitif.

C'est surtout à ces luttes scientifiques qu'il dut cette facilité d'élocution et ces qualités qui, plus tard, en ont fait le professeur si distingué que nous avons connu.

Mais l'étude opiniâtre, le succès même, ne purent le préserver des inquiétudes d'une modestie craintive. Avant chaque examen, il s'abandonnait à je ne sais quelle défiance de lui-même, que ne pouvait vaincre le souvenir des résultats toujours brillants des précédentes épreuves. On aime à rappeler ce découragement d'un esprit élevé; peut-être y a-t-il là un enseignement qui ne doit pas être négligé de nos jours, où l'empressement fébrile de la jeunesse oublie trop souvent que les patients travaux sont la première condition des légitimes succès.

En 1832, au moment où le choléra sévissait dans Paris avec le plus de violence, Pillore demande et obtient l'autorisation de quitter momentanément Bicêtre, où le fléau n'était pas encore arrivé, pour aller porter ses secours aux cholériques réunis en grand nombre dans les greniers d'abondance. Là, il prodigua ses soins avec un tel dévoûment et une telle abnégation, qu'il fut porté sur la liste des élèves dont l'autorité voulait récompenser le zèle et les dangereux services (1). L'activité qu'il déploya dans cette circonstance faillit lui être fatale; vers la fin de l'épidémie, il fut atteint d'une pneumonie, à laquelle vinrent s'ajouter

(1) Trois décorations avaient été mises à la disposition de M. le Doyen de la Faculté de médecine. M. Orfila convoqua les élèves qu'il croyait les plus dignes, et les engagea à désigner parmi eux ceux auxquels cette flatteuse distinction devait être remise. Ceux-ci répondirent n'avoir

quelques symptômes cholériques. Sa jeunesse, la vigueur de sa constitution et les soins empressés de ses maîtres qui l'aimaient, triomphèrent bientôt de cette maladie.

Cependant, par une singulière inégalité du cœur humain, lui si brave, si dévoué devant ce terrible choléra de 1832, manifesta, dès cette époque, une espèce de crainte et comme une répulsion instinctive dont il ne pouvait se rendre compte, en présence des malades atteints de fièvre typhoïde. Était-ce là un lointain pressentiment du mal cruel auquel il devait succomber, une de ces secrètes intuitions qu'on ne peut nier, encore bien que la science et la raison soient impuissantes à en expliquer le mystère?

Le 28 juin 1834, Pillore subissait sa dernière épreuve. Cette fois, son esprit indépendant, fait pour négliger les routes frayées, avait repris confiance en lui-même; il dédaigna, comme il le dit dans sa préface, de limiter le nombre des questions qui pouvaient lui être posées, en rédigeant, sur un point unique de pathologie, une thèse qui n'aurait été qu'une compilation facile. Dans cinquante propositions sur les maladies des vieillards et des nouveau-nés, il ne craignit pas d'ouvrir un vaste champ à la discussion, et, en émettant quelques idées personnelles, de provoquer la contradiction de ses juges.

Bientôt, cédant aux sollicitations paternelles et re-

---

fait que leur devoir, et l'avoir tous fait avec le même zèle; mais que trois d'entr'eux ayant succombé, ils priaient M. le Ministre de bien vouloir nommer les victimes membres de la Légion d'honneur, et adresser à leurs familles les croix et les diplômes.

nonçant à ce que sa mère, dans son désir de l'avoir près d'elle, appelait ses idées ambitieuses, c'est-à-dire au projet qu'il avait conçu tout d'abord de suivre la belle et vaste carrière ouverte à Paris, par le concours, à toutes les capacités d'élite, il vint se fixer à Rouen près de son père. Une déception ne tarda pas à attrister les joies du retour ; une place d'adjoint étant devenue vacante à l'Hospice-Général, Pillore la demanda sans pouvoir l'obtenir. Il ne connaissait pas encore la lutte avec les choses de la vie ; aussi éprouva-t-il, de ce premier échec, un véritable découragement. M. Adelon, son maître et son ami, lui écrivait à ce sujet ces charmantes lignes bien faites pour relever le moral d'un jeune homme : « ..... Vous réunissez tous les éléments de bonheur ; vous avez une bonne famille dont vous possédez la tendresse et que vous payez des mêmes sentiments ; vous avez de la jeunesse, de l'instruction, le goût de l'étude, la puissance d'esprit et de volonté qui rend le travail fécond et qui en fait le bonheur. Vous ne devez voir la vie que sous de riants auspices. Laissez les amères défiances à ceux que le cours de la vie a fréquemment blessés. Croyez-en mes prédictions et mes vœux, la vie pour vous sera dorée ...... etc. »

En effet, la réparation ne se fit pas longtemps attendre ; une nouvelle place se présenta, peu de temps après, dans le même hôpital ; l'Administration édifiée, cette fois, sur le mérite de Pillore, le nomma chirurgien-adjoint le 2 janvier 1836.

A dater de cette époque, la carrière médicale de

Pillore fut une suite non interrompue de succès; les prédictions de M. Adelon se réalisaient en tous points. Ainsi, le 5 octobre 1837, lors de la réorganisation des écoles de province, qui échangèrent leur titre d'*écoles secondaires* contre celui d'*écoles préparatoires*, il fut nommé professeur-adjoint, chargé spécialement du cours d'anatomie.

Le 27 mai 1840, l'Administration des hôpitaux le nommait premier adjoint, attaché aux deux services de l'Hospice-Général, et six ans plus tard, lui confiait le titre si important de médecin en chef de la gésine; poste d'autant plus périlleux pour un jeune médecin qu'il avait été mieux rempli par son savant prédécesseur (1).

Le 20 octobre 1848, il était nommé professeur titulaire d'anatomie et de physiologie. Après avoir longtemps protesté contre la réunion de ces deux chaires, dont chacune, par son importance, mérite tous les soins d'un seul professeur, il obtint qu'il fût fait droit à son instante demande. C'est alors que j'eus l'insigne et difficile honneur de lui succéder dans l'enseignement de la physiologie. Depuis, le Conseil supérieur d'instruction publique a sanctionné cette mesure en la généralisant et désignant, dans chaque école, un professeur pour chacune de ces deux branches si importantes de la science médicale.

Le 27 avril 1853, l'Administration des hôpitaux, forcée, à son grand regret, d'accéder au désir qu'il

(1) M. Leudet père.

avait plusieurs fois manifesté d'être déchargé de la gésine, le nommait médecin en chef de la deuxième division médicale à l'Hôtel-Dieu, et lui adressait, à cette occasion, une lettre des plus flatteuses pour le remercier des services qu'il avait rendus à la division des accouchements.

Enfin, mieux placé que personne pour apprécier sa valeur morale et scientifique, le premier magistrat de notre département, qui l'honorait de sa confiance et de son amitié, l'appelait d'abord au Conseil d'hygiène et de salubrité; puis, quelque temps après, le nommait membre suppléant du jury médical.

Tels sont, Messieurs, les différents postes qu'a occupés Pillore dans sa brillante mais trop rapide carrière. Permettez-moi de retourner un peu sur mes pas afin d'examiner avec vous ce qu'il fut dans chacune de ces positions.

Pillore avait un goût tout particulier pour l'enseignement; aussi s'y livra-t-il de bonne heure. A Paris, dès 1830, alors qu'il n'était encore qu'interne provisoire, il donnait des répétitions à de jeunes condisciples moins avancés que lui, autant, je dois le dire, pour lui-même, que dans leur propre intérêt. « Le meilleur moyen de bien apprendre une chose, lui ai-je souvent entendu dire, c'est de l'enseigner. On prépare sa leçon avec d'autant plus de soin qu'on est moins maître de son sujet, et quand arrive le moment de l'exposition, c'est un véritable examen qu'on se fait subir à soi-même; on voit son côté faible, on sait ce qui reste à approfondir et l'on travaille en conséquence. » C'est ainsi, en effet, qu'il prépara ses différents concours.

A Rouen, dès que sa nomination de chirurgien-adjoint l'eut mis en rapport avec les élèves, il ouvrit, à l'Hospice-Général, des conférences d'anatomie chirurgicale et de médecine opératoire, et le soir, chez lui, ou plutôt chez son père, dans sa modeste chambre de jeune homme, il réunissait quelques privilégiés au nombre desquels j'avais le bonheur de me trouver, et nous interrogeait sur les leçons que nous avions dû suivre dans le cours de la journée.

L'année suivante, appelé à la chaire d'anatomie, il me désigna, conjointement avec mon ami le docteur Vivefoy, pour préparer son cours, et me chargea bientôt de répéter aux élèves la leçon qu'il avait faite la veille. Ainsi ont commencé ces relations auxquelles je dus plus tard cette fidèle et bienveillante amitié dont le souvenir ne me laisse plus aujourd'hui qu'un sentiment d'amertume et de pénibles regrets. J'étais presque de son âge, et il m'était permis d'espérer que, vieillissant ensemble, je pourrais, par un dévoûment à toute épreuve, lui prouver que mon affection n'était pas inférieure à la sienne; mais Dieu n'a pas voulu qu'il en fût ainsi, et je ne puis, aujourd'hui, que profiter de l'occasion qui m'est donnée pour adresser publiquement à sa mémoire un bien faible témoignage de ma vive reconnaissance.

Comme professeur, Pillore était d'une exactitude rare. A l'heure précise il commençait son cours; pour rien au monde il ne se fût fait attendre. Son enseignement brillait par la clarté, la précision de l'exposition, l'exactitude des descriptions, et surtout par une certaine originalité dans les points de comparaison qu'il employait pour se mettre à la portée de son auditoire. L'image paraissait souvent étrange, elle excitait quelquefois l'hilarité générale, mais, par sa singularité même, elle se fixait à tout jamais dans la mémoire, et avec elle le fait à retenir.

L'élève qui étudie l'anatomie, est comme le voyageur qui, dans une longue route, traverse bien des villes et bien des villages, suit tantôt un grand chemin et tantôt un chemin de traverse; tout passe devant ses yeux et disparaît souvent presque aussitôt de sa mémoire; mais qu'un fait particulier, qu'un accident quelconque signale son passage dans telle ou telle bourgade, à l'instant même cette bourgade, quelque infime qu'elle soit, est à tout jamais gravée dans son esprit. Désormais il verra toujours le lieu où s'est passé l'évènement qui, en frappant son imagination, est resté dans sa mémoire avec toutes ses circonstances. Pillore savait cela; c'est pourquoi, lorsqu'il voulait qu'un fait anatomique quelconque laissât trace dans l'esprit de ses élèves, il avait recours à l'un des moyens dont je vous parlais tout-à-l'heure. Grâce à son esprit original, une tournure de phrase particulière offrait une idée en même temps qu'une image, et le filet nerveux ou le rameau artériel avait son accident qui, désormais, le fixait dans la mémoire de l'étudiant.

Il faisait peu de cas des minuties anatomiques, de ce qu'il appelait l'anatomie de collections. Ce n'est pas qu'il n'eût pu, comme tant d'autres, se parer de ses connaissances en anatomie fine, car toutes les délicatesses de l'art du prosecteur lui étaient familières ; le plus mince filet nerveux, il l'avait cent fois disséqué ; les plus fines injections artérielles ou lymphatiques, il les avait obtenues ; mais il voulait, par-dessus tout, être utile à ses auditeurs; aussi son enseignement était-il essentiellement pratique. A chacune de ses leçons, on était sûr de trouver d'intéressantes applications physiologiques, pathologiques ou thérapeutiques.

Il recommandait à ses élèves les travaux du laboratoire : « Ne venez-pas à mon cours, leur disait-il, si vous ne voulez pas y venir, mais alors disséquez, et disséquez toujours. » Et, non content de ces recommandations, malgré ses nombreuses occupations de professeur, de médecin d'hôpital et de praticien, il venait souvent s'asseoir à une table de dissection, participait à la préparation des pièces destinées à son cours, aidait en même temps de ses conseils les élèves qu'il savait les plus intelligents et les plus studieux. Puis, si parmi eux il en apercevait un dont il ne fût pas satisfait, il se plaisait à l'interroger en présence de ses condisciples, à le convaincre d'ignorance et de paresse. Alors, c'était un feu roulant de quolibets et de plaisanteries, jusqu'à ce que, trouvant le malheureux jeune homme suffisamment puni, il terminât par une leçon toute paternelle, à la suite de laquelle le coupable repentant prenait presque toujours le scalpel, et devenait souvent un de ses auditeurs les plus assidus.

Pillore n'était pas moins exact à l'hôpital qu'à son cours : il ne se dispensait jamais d'y venir, à moins qu'il ne fût malade, et encore fallait-il qu'il le fût sérieusement. C'était un besoin chez lui, sa journée eût été incomplète s'il ne l'eût pas commencée par sa visite. Jamais il ne fit revenir, jamais il ne laissa repartir seul le messager de l'Hôtel-Dieu lorsqu'il venait le chercher la nuit pour un accouchement difficile. S'il était appelé à la campagne et qu'il dût être absent une partie de la journée, il faisait son service de grand matin, et aussitôt son retour, avant même de se rendre près de sa riche clientelle, il courait à ses chères malades de l'hôpital. « En ville, disait-il, les clients ont le choix, ils prennent qui ils veulent, et quand ils s'adressent à un médecin d'hôpital, ils doivent savoir que celui-ci a des devoirs d'autant plus sacrés à remplir, que les malheureux confiés à ses soins ne peuvent, eux, en choisir un autre. » Du reste, telle était son activité, que sa clientelle souffrait rarement de cette scrupuleuse exactitude ; s'il avait en ville un malade qu'il eût besoin de voir de bonne heure, il se levait plus tôt et s'y rendait avant d'aller à sa visite.

Lorsqu'une de ces terribles épidémies, comme nous en avons trop vu, sévissait sur les malheureuses femmes de la gésine, il revenait à l'hôpital deux fois, trois fois s'il le jugeait utile. Sévère pour lui-même, il avait acquis le droit de l'être pour les autres ; aussi exigeait-il que chacun fît son service avec la plus rigoureuse exactitude.

Dans ses salles comme à l'amphithéâtre, ses élèves retrouvaient le maître toujours dévoué à leur instruction. Après la leçon de clinique qu'il leur faisait au lit du malade, il les réunissait autour de lui en une sorte de conférence dont il se faisait le président. Ces leçons intimes qui, d'abord, ne roulèrent que sur l'obstétrique, eurent de plus, pour sujet, la pathologie interne, sitôt qu'un service médical eut été joint à son service d'accouchements. C'est dans ces causeries familières qu'il aimait à passer en revue les opinions des différents auteurs; c'est là surtout qu'on pouvait admirer sa riche érudition; on était sûr de l'entendre discuter, peser toutes les opinions sérieuses de quelque époque qu'elles fussent, et souvent c'était par le ridicule qu'il détruisait et renversait les théories qu'il croyait erronées. Qui ne se rappelle ses plaisanteries, ses sarcasmes sur les prétendus dangers de la vaccine, sur la saturation syphilitique considérée comme moyen préventif, etc.?

Il n'était jamais plus heureux qu'au milieu de ses élèves; il les aimait et se plaisait à leur rendre service; surtout lorsque, par leur zèle et leur amour du travail, ils avaient su mériter sa bienveillance. Il les dirigeait dans leurs études, les aidait de ses conseils et même quelquefois de sa bourse.

Il y a quelques années à peine, alors que la France, grâce au bras puissant qui venait de prendre les rênes de l'État, commençait à se remettre de la secousse terrible qui l'avait mise à deux doigts de sa perte, un de ses anciens élèves, jeune homme laborieux et intelligent, mais d'une imagination ardente, s'était laissé séduire par ces idées si belles en théorie, mais si fausses en pratique, et qui, à cette époque, en ont égaré tant d'autres. Il s'était compromis dans la localité où il était venu s'établir ; la clientelle que son intelligence et son savoir lui avaient promptement amenée, se retira peu à peu, et comme le diplôme d'officier de santé, dont il était porteur, ne lui avait pas été délivré dans le département, ainsi que le veut la loi, il fut dénoncé et contraint d'aller au chef-lieu subir un nouvel examen. Mais il fallait déposer une seconde consignation, et il n'en avait pas les moyens. Il se rappelle alors son ancien maître, l'intérêt qu'il lui avait témoigné pendant ses études, et n'hésite pas à s'adresser à lui, quoiqu'il sût parfaitement que les opinions auxquelles il devait en partie sa fâcheuse position, fussent entièrement opposées aux siennes. Pillore se contente de l'engager à être plus circonspect à l'avenir, lui remet la somme dont il a besoin, et quelques jours après, l'examen était subi avec succès. Du reste, Messieurs, ce n'est pas devant vous qu'il est nécessaire d'insister sur l'affection qu'il vous portait à tous, sur l'intérêt qu'il vous a toujours témoigné ; et d'ailleurs, à ses derniers moments, ne s'occupait-il pas encore de vous ? N'est-ce pas à vous qu'il a légué sa riche bibliothèque médicale ? Pouvait-il vous donner un gage plus certain de sa constante sollicitude pour votre instruction ?

Pendant dix ans qu'il appartint à la Société de médecine, Pillore se montra toujours un des membres les plus assidus et les plus laborieux de cette Compagnie. Il aimait à s'y rendre pour plusieurs motifs : « Les médecins, disait-il, ne se voient pas assez entr'eux ;

ces réunions ont du moins l'avantage de les rapprocher. On se voit, on se connaît mieux, et, de là, naissent des relations tout à l'avantage de la bonne confraternité. Enfin, ajoutait-il, il y a toujours à gagner à ces sortes de réunions ; il n'est pas de question, traitée ainsi en commun, dont chacun ne puisse, le plus souvent, retirer quelque profit. » Aussi, toutes les discussions le trouvaient-elles attentif. Il ne manquait jamais de s'y mêler, et sa rare intelligence, son esprit juste et sa profonde érudition venaient puissamment aider à résoudre les questions les plus ardues. C'était surtout lorsque l'ordre du jour indiquait un sujet ayant trait à l'obstétrique, qu'on était sûr de le voir à la séance. Son service d'hôpital était une mine des plus riches dans laquelle il puisait au profit de la Société. Il ne se présentait pas dans ses salles un seul fait intéressant, qu'il ne vînt en faire part et exposer ses idées personnelles.

Les bulletins de la Société de médecine contiennent de lui plusieurs observations curieuses, surtout par les réflexions dont il faisait suivre l'exposé de chaque fait. Nous citerons, entr'autres, une observation d'opération césarienne nécessitée par la présence d'une tumeur fibreuse irréductible, et à propos de laquelle il conseille un mode de pansement particulier, la réunion de la plaie utérine avec la plaie abdominale. Plusieurs journaux de médecine ont, du reste, rendu compte de cet important travail.

Pillore aimait l'étude par-dessus tout. C'était là sa véritable passion ; et, comme sa nombreuse clientelle ne lui laissait guère le temps de travailler, c'était la nuit qu'il se livrait à ses recherches scientifiques. Dès le début de sa carrière, alors qu'il avait presque tout son temps à lui, il passait une grande partie de la journée à l'amphithéâtre, et se livrait la nuit aux travaux de cabinet. Son père et sa mère le voyaient avec peine se fatiguer ainsi, et, de temps à autre, venaient le surprendre pour l'obliger à se ménager davantage. Sitôt qu'il entendait monter, il éteignait promptement sa lampe, mais le verre encore chaud le trahissait toujours. Il chercha donc et trouva bientôt un moyen de veiller sans qu'on s'en doutât : ce moyen, c'était de se servir de bougie au lieu de lampe ; il avait le soin de la disposer de manière à pouvoir l'allumer tantôt par une extrémité et tantôt par l'autre, et, au moindre bruit, il retournait dans son flambeau la bougie, qui présentait ainsi une mèche toujours refroidie. Ses parents, bientôt convaincus qu'il s'était rendu à leurs observations, ne s'en occupèrent plus, et il continua, sans crainte de les contrarier, ses laborieuses veillées.

Cependant, malgré cet ardent amour pour l'étude, malgré la grande facilité de son travail, Pillore n'a rien produit. Sauf, en effet, les quelques opuscules publiés par la Société de médecine, il ne reste rien de lui. Il avait eu d'abord l'intention de composer pour ses élèves un manuel d'anatomie descriptive avec planches intercalées dans le texte; mais, s'étant vu devancé par les ouvrages de MM. Sappey et Jamain, il renonça à ce projet. Dans ces derniers temps, il se proposait de publier le résultat de ses observations pendant les neuf années qu'il a passées à la gésine. Dans ce laps de temps, pas un seul accouchement ne s'est fait sans qu'on en ait recueilli toutes les circonstances importantes : présentation, mode de terminaison, complications, tout était consigné sur un livre tenu à cet effet. Déjà il avait commencé à rassembler, à classer, à coordonner tous ces matériaux, lorsque l'affreuse maladie qui nous l'a enlevé est venue fondre sur lui.

Nous vous avons parlé jusqu'ici du médecin, du professeur et du savant; il est temps de vous parler de l'homme lui-même, de ce cœur riche et aimant qui fit de Pillore le fils le plus tendre, l'ami le plus dévoué; de cet esprit si fin qui le faisait aimer et rechercher du monde.

Pillore vénérait son père; il avait pour lui la plus grande déférence, la plus entière soumission. Le 19 juin 1842, une apoplexie foudroyante le lui enleva tout-à-coup. La ville entière sait ce qu'il fit alors pour la mémoire de son père; ses amis savent ce que son cœur souffrit de cette perte. Quant à son affection pour sa mère, c'était plus que de l'amour filial, c'était une véritable adoration. Il ne craignait rien tant que de lui causer la moindre peine; il la consultait dans toutes ses actions, et, jusqu'à son dernier moment, il se préoccupa toujours de ce que pouvait penser sa mère chaque fois qu'il avait une détermination importante à prendre.

Ami dévoué, rien ne lui coûtait lorsqu'il s'agissait d'obliger un ami, ni peines, ni démarches, ni sacrifices; et, si l'on venait à l'en remercier, il trouvait ce dévoûment à l'amitié si naturel qu'il paraissait tout surpris qu'on lui en témoignât de la reconnaissance.

Doué d'un esprit fin et délié, prompt à la répartie, d'un caractère doux et enjoué, aimant la plaisanterie et même un peu la critique ; d'une érudition aussi étendue en littérature qu'en médecine, il avait tout ce qu'il faut pour réussir dans le monde et y réussissait effectivement chaque fois qu'il y paraissait. Cependant Pillore n'aimait pas le monde ; s'il y allait quelquefois, ce n'était que contraint et forcé ; *parce que*, disait-il, *il est des devoirs de position auxquels on ne peut se soustraire*. On le voyait alors apparaître quelques instants, rechercher les hommes connus par leur esprit, causer quelques minutes avec eux, puis disparaître. C'est que, comme nous l'avons déjà dit, il aimait par-dessus tout l'étude, et, pour lui, il n'était pas de fête qui valût une soirée passée au coin du feu, entouré de ses livres bien aimés.

Vous l'avez vu, tout-à-l'heure, fils pieux et ami dévoué ; ce n'était pas seulement ses amis qu'il aimait à obliger ; il était bon et généreux pour tous. Permettez-moi de vous citer quelques faits entre mille qui témoignent de la bonté de son cœur.

La première opération qu'il fit à Rouen fut une amputation de cuisse. Le patient était un malheureux enfant de l'Hospice-Général, âgé de 12 à 14 ans. L'opération réussit à merveille. Grâce aux soins empressés du jeune chirurgien qui, chaque jour, le pansait lui-même, l'enfant guérit très promptement. Ne croyez pas que tout fut dès lors fini entre l'opérateur et l'opéré.

Aussitôt la cicatrisation obtenue, il prend son malade chez lui, le met en apprentissage chez un tailleur, et tant que Adolphe Durand, c'était le nom de l'enfant, ne put, par son travail, subvenir à ses besoins, Pillore y pourvut.

Il y a quelques années, un marchand horloger, étranger à la ville, vient se fixer à Rouen; son magasin était à peine ouvert, qu'il est pris d'une hématémèse des plus abondantes. Pillore est demandé, il reconnaît une affection organique de l'estomac, déjà fort avancée. Cependant, grâce à ses soins, le malade résiste encore près de trois ans, mais il finit enfin par succomber. Pendant tout ce temps, comme vous devez le penser, le malheureux n'était guère à son commerce, encore moins aux commandes qu'il pouvait recevoir; aussi, la clientelle ne vint guère, et à sa mort, le passif de la succession l'emportait sur l'actif.

Bientôt la veuve vient chez le médecin, le remercie de ses bons soins et lui demande la note de ses honoraires. Le chiffre en était assez élevé; aussi le prie t-elle d'attendre que la vente des objets laissés par son mari ait été faite. Quelque temps après, elle revient toute triomphante, apportant la somme réclamée. Pillore la fait asseoir, s'enquiert de sa position, apprend que la longue maladie du mari a épuisé toutes leurs ressources, et que la veuve et les enfants vont se trouver dans une position fort précaire. Alors il fait un reçu, le lui remet; puis, prenant l'argent: « *Remportez-cela*, dit-il, *vos enfants en ont plus besoin que moi.* » Elle refusa d'abord, insista pour qu'il en prît au moins une partie, mais il ne voulut rien entendre, et les honoraires du médecin constituèrent tout le patrimoine des malheureux orphelins.

Si je puis vous rapporter ce fait, c'est grâce à la reconnaissance de cette pauvre femme qui, aujourd'hui, le dit à qui veut l'entendre, et l'a rapporté à un des honorables professeurs de cette Ecole. Quant à lui, il faisait le bien, mais sans ostentation, avec cette discrétion et cette délicatesse qui doublent le prix d'un bienfait.

Pillore ne secourait pas seulement les malheureux de sa bourse ; il leur prodiguait son temps, son temps si précieux, la chose qu'il estimait le plus au monde ! Combien de confrères sont venus près de lui réclamer, pour l'indigent, la faveur de ses soins et de son talent ! Quelle que fût l'heure, quelle que fût la distance, il y courait aussitôt avec empressement.

L'hiver dernier, par un temps pluvieux et glacial de décembre, il était, depuis quelques jours, retenu au lit par une indisposition assez sérieuse. Au milieu de la nuit, un jeune confrère vient le réclamer pour l'aider de son expérience près d'une malheureuse dont l'accouchement, commencé depuis deux jours, ne pouvait se terminer spontanément. Il se lève aussitôt, et, malgré son état de souffrance, malgré le temps le plus horrible, malgré les sollicitations pressantes de sa femme qui veut le retenir, il monte en voiture, se rend à 8 ou 10 kilomètres de la ville, termine l'accouchement et rentre chez lui plus malade, plus souffrant, mais le cœur content, car il vient de faire une bonne action.

Vous vous tuerez, lui dit sa femme qui, pendant son absence, a été en proie aux plus vives inquiétudes. Hélas! deux mois s'étaient à peine écoulés, que cette triste prévision s'était accomplie.

Cependant, cette indisposition n'avait pas eu de suites; deux ou trois jours après, il avait repris toutes ses occupations habituelles; il était dans l'état de santé le plus prospère, lorsque, le samedi 17 février, il est pris de courbature, de malaise général; il veut diner, mais l'estomac refuse toute espèce d'aliment; c'était jour de cours; malgré son état maladif, il va faire sa leçon, puis rentre chez lui, se plaignant d'une céphalalgie des plus intenses. Le lendemain matin, il m'envoie chercher et me manifeste les plus vives inquiétudes sur l'issue de sa maladie. Il s'inquiétait facilement, en sorte que je n'attachai pas tout d'abord une grande importance à ces fâcheuses prévisions; mais bientôt son état s'aggrave, et je conçois moi-même les craintes les plus sérieuses. Je m'empresse d'appeler près de lui les confrères dans lesquels je savais qu'il avait le plus de confiance; car je craignais, en lui faisant cette proposition, de lui laisser voir mes inquiétudes. MM. Couronné et Leudet père et fils se joignent à moi. Hélas! les terribles symptômes d'une fièvre ataxique apparaissent et marchent avec une rapidité effrayante. C'est alors que, sur sa propre désignation, nous prions M. Grisolle, médecin de l'Hôtel-Dieu de Paris, de venir nous prêter le secours de ses lumières. Il avait encore toute sa connaissance, mais dans la nuit qui suit la première visite de M. Grisolle, cette belle intelligence que nous avons tant de fois admirée s'évanouit, fait place à un délire loquace, à une agitation incessante, et lorsque, le lendemain matin, le savant professeur de la Faculté vint faire une dernière visite à notre cher malade, il ne restait plus de ce médecin distingué, de ce professeur à la voix si incisive, si aimée de ses auditeurs, de cette haute intelligence, il ne restait plus qu'une ombre méconnaissable, qu'un fantôme cent fois plus pénible pour le cœur d'un ami que la mort elle-même.

Pillore, comme tous les esprits vraiment supérieurs, avait au fond de l'âme des sentiments religieux; aussi, dès qu'il sentit sa fin prochaine : « Mon ami, me dit-il, j'ai un dernier service à réclamer de votre amitié, allez me chercher un prêtre. » Sur ma réponse qu'il avait encore du temps à lui, qu'il se croyait plus malade qu'il ne l'était réellement : « J'ai été baptisé, reprit-il presque avec impatience, j'ai été élevé en chrétien, j'entends mourir en chrétien. » Quelques instants après, le savant doyen de la Faculté de théologie était près de lui, ne sachant ce qu'il devait le plus admirer de la résignation du mourant ou de la foi vive du chrétien. Enfin, le dimanche 25 février, à sept heures et demie du soir, je descendais près de sa malheureuse femme, qui venait de le quitter pour la première fois depuis le commencement de sa maladie, près de sa pauvre mère, qui ne voulait pas croire à la possibilité de survivre à son fils; ma seule présence leur dit assez, à l'une et à l'autre, que tout était fini.

Messieurs, que la vie du professeur Pillore soit toujours présente à votre pensée; qu'elle vous serve d'exemple et d'encouragement. N'oubliez pas que ses succès dans ses études lui ont été d'un grand secours au début de sa carrière. Sachez bien que, s'il est parvenu à la haute position sociale et médicale que vous l'avez vu occuper, c'est grâce à son travail. Peut-être vous dira-t-on dans le monde, peut-être vous a-t-on déjà dit que le médecin a besoin, pour parvenir, d'un certain savoir-faire sans lequel la science n'est qu'un meuble inutile. N'en croyez rien, Messieurs; personne n'était plus indépendant que Pillore; personne ne méprisait plus que lui toutes ces petites roueries, bonnes tout au plus à masquer la médiocrité ou l'ignorance aux yeux du vulgaire. Travaillez donc avec ardeur; et quand, porteurs du diplôme qui vous donnera le droit de réclamer la confiance de vos concitoyens, vous entrerez définitivement dans la carrière médicale, n'oubliez jamais que vous n'avez pas fini avec le travail; que la vie du médecin doit être une étude continuelle, que vous n'avez pas le droit de vous reposer. Enfin, n'oubliez pas cette pensée terrible mais salutaire: que le médecin doit s'imputer à crime toute erreur commise par ignorance.

Rouen. — Imp. de A. Péron,
Rue de la Vicomté, 55.

www.ingramcontent.com/pod-product-compliance
Ingram Content Group UK Ltd.
Pitfield, Milton Keynes, MK11 3LW, UK
UKHW012131240726
13965UKWH00005B/2098